Für Kate Pollard

STIER

Im Einklang mit den Sternen leben

STELLA ANDROMEDA

ILLUSTRIERT VON EVI O. STUDIO

GROH

Einleitung 7

I.
Alles über den Stier

Die Eigenschaften des Stiers 31
Körper und Gesundheit 34
So kommuniziert der Stier 37
Berufe für den Stier 38
So tickt der Stier 41
Wer liebt wen? 44

II.
Die Welt des Stiers

So wohnt der Stier 55
Selbstfürsorge 57
Kochen und Essen 59
Stiere und das liebe Geld 61
Der Stier und seine Vorgesetzten 62
Wie lebt es sich mit dem Stier? 65
Stiere und Trennungen 66
So will der Stier geliebt werden 69
Stiere und Sexualität 72

III.

Mehr Astrowissen

Dein Geburtshoroskop 76
Der Mondeffekt 80
Die zehn Planeten 83
Die vier Elemente 89
Kardinale, fixe und veränderliche Zeichen 92
Die zwölf Häuser 95
Der Aszendent 101
Rückläufiger Saturn 103
Rückläufiger Merkur 104

Lesetipps 108
Danksagung 109
Über die Autorin 111

Einleitung

Der Giebel des antiken griechischen Apollontempels in Delphi trägt die Inschrift: „Erkenne dich selbst." Sie ist eine der 147 delphischen Maximen, nach denen man leben sollte. Von Gott Apollon selbst soll diese Aufforderung zur Selbsterkenntnis stammen, und später ergänzte sie der Philosoph Sokrates um den Satz: „Ein unerforschtes Leben ist nicht lebenswert."

Der Mensch versucht auf vielfältige Weise, sich selbst kennenzulernen und sein Leben oder die Herausforderungen seines Daseins zu meistern, oft mithilfe von Therapien oder organisierten Glaubenssystemen wie Religionen. Wir wollen auf diesem Weg vor allem die Beziehung zu uns selbst und zu anderen besser verstehen lernen und Mittel finden, die uns das ermöglichen.

Die Astrologie bietet durch ihre symbolische Verwendung der Himmelskonstellationen, also der Darstellung der Tierkreiszeichen, der Planeten und ihrer energetischen Auswirkungen einige Ansätze für das Verstehen der menschlichen Natur und der Erfahrung. Viele Menschen empfinden dieses Wissen und das Potenzial, das darin steckt, als hilfreich, um Denkanstöße für eine erfülltere Lebensweise zu gewinnen.

Was ist Astrologie?

Einfach ausgedrückt, ist Astrologie das Studium und die Deutung des Einflusses, den die Planeten aufgrund ihrer Positionen im Raum zu einem bestimmten Zeitpunkt auf uns Menschen und unsere Welt nehmen können. Die angewandte Astrologie beruht auf einer Kombination aus dem faktischen Wissen über die Besonderheiten dieser Positionen und ihrer psychologischen Interpretation.

Astrologie ist weniger ein Glaubenssystem als eine praktische Lebenshilfe, die uns alte, überlieferte Weisheiten an die Hand gibt. Jeder Mensch kann lernen, die Astrologie für sich zu nutzen – nicht so sehr zum Wahrsagen oder um die Zukunft zu deuten, sondern als Wegweiser zu größerer Einsicht und einer achtsameren Herangehensweise an das Leben. Der richtige Zeitpunkt ist das A und O in der Astrologie. Die Kenntnis der Planetenkonstellationen und ihrer Beziehung zu bestimmten Zeiten zueinander kann uns bei der Wahl des richtigen Moments für manche Lebensentscheidungen helfen.

Zu wissen, wann größere Veränderungen im Leben anstehen können – aufgrund von Planetenkonstellationen wie einem rückläufigen Saturn (siehe S. 103) oder rückläufigen Merkur (siehe S. 104) – oder was eine Venus im siebten Haus bedeutet (siehe S. 85 und 98) und wie das im Licht der spezifischen Eigenschaften des eigenen Sternzeichens zu berücksichtigen ist: Dies alles sind Werkzeuge, die du zu deinem Vorteil nutzen kannst. Wissen ist Macht und die Astrologie kann ihren Teil dazu beitragen, die Höhen und Tiefen des Lebens, aber auch unsere Beziehungen gut zu meistern.

Die zwölf Sternzeichen

Jedes Stern- oder Tierkreiszeichen hat typische Eigenschaften, die den Menschen gemeinsam sind, die in diesem Zeichen geboren wurden. Dieses Zeichen ist dein Sonnenzeichen, das du wahrscheinlich schon kennst – und der übliche Ausgangspunkt, von dem aus wir unseren astrologischen Weg erkunden. Die Eigenschaften des Sonnenzeichens können sich individuell sehr stark zeigen, doch stellen sie nur einen Teil des Ganzen dar.

Wie wir auf andere wirken, wird meist von weiteren Faktoren beeinflusst, die man ebenfalls berücksichtigen sollte. So sind das Zeichen deines Aszendenten und deine Mondstellung genauso wichtig wie dein Sonnenzeichen. Du kannst dir auch dein Gegenzeichen ansehen, um herauszufinden, was deinem Sonnenzeichen vielleicht dazu verhelfen könnte, mehr Balance zu erreichen.

Im ersten Teil dieses Buchs lernst du dein Sonnenzeichen kennen. Im zweiten Abschnitt bist du dazu eingeladen, noch tiefer einzutauchen (siehe S. 74–105) und die Einzelheiten deines Geburtshoroskops zu erforschen. Damit wirst du einen viel größeren Einblick in die zahlreichen astrologischen Einflüsse gewinnen, die sich in deinem Leben zeigen können.

Die Sonnenzeichen

Die Erde braucht 365 Tage (exakt sind es 365,25), um die Sonne zu umrunden. Dabei scheint die Sonne einen Monat lang durch jedes Tierkreiszeichen zu wandern. Dein Sonnenzeichen ist somit das Tierkreiszeichen, in dem die Sonne zum Zeitpunkt deiner Geburt stand. Wenn du dein Sonnenzeichen und die deiner Familie, Freund*innen und Partner*innen kennst, ermöglicht dir das einen guten Einblick in die Charakter- und Persönlichkeitsmerkmale, die du mithilfe der Astrologie entdecken kannst.

Im Übergang geboren

Für Menschen, die gegen Ende des einen oder zu Beginn des nächsten Sonnenzeichens geboren sind, lohnt es sich, ihre genaue Geburtszeit herauszufinden. Astrologisch gesehen gibt es eigentlich keinen Übergang zwischen den Zeichen, denn jedes davon beginnt zu einem festen Zeitpunkt an einem bestimmten Datum, auch wenn dieser von Jahr zu Jahr etwas variieren kann. Wenn du unsicher bist, was dein Sonnenzeichen ist, kannst du es über dein Geburtsdatum, deine Geburtszeit und deinen Geburtsort genau bestimmen. Mit diesen Daten kannst du einen Astrologen aufsuchen oder du lässt sie durch ein Online-Astrologieprogramm laufen (siehe S. 108), um ein möglichst genaues Geburtshoroskop zu erstellen.

Stier

Lat.: Taurus

21. APRIL–20. MAI

Fixes Erdzeichen. Geerdet, sinnlich und den körperlichen Freuden zugewandt, ist der Stier von seinem Herrscherplaneten Venus mit Anmut und einem Sinn fürs Schöne ausgestattet – trotz seiner bulligen Darstellung. Charakteristisch ist seine unbeschwerte, unkomplizierte, wenn auch manchmal sture Lebenseinstellung. Gegenzeichen: das Wasserzeichen Skorpion.

Widder

Lat.: Aries

21. MÄRZ–20. APRIL

Astrologisch das erste Sternbild des Tierkreises, erscheint der Widder zur Frühjahrs-Tagundnachtgleiche. Kardinales Feuerzeichen; das Zeichen für Anfänge. Herrscherplanet ist Mars, der dafür steht, Herausforderungen dynamisch, energievoll und kreativ zu begegnen. Gegenzeichen: die luftige Waage.

Zwillinge

Lat.: Gemini

★

21. MAI–21. JUNI

Veränderliches Luftzeichen. Zwillinge neigen dazu, beide Seiten eines Problems zu sehen, wobei der Herrscherplanet Merkur ihren schnellen Verstand beeinflusst. Zwillinge scheuen sich häufig vor Verpflichtungen und versinnbildlichen auch eine jugendliche Haltung. Gegenzeichen: der feurige Schütze.

Krebs

Lat.: Cancer

★

22. JUNI–22. JULI

Kardinales Wasserzeichen, dargestellt mit starken Scheren. Der Krebs gilt als gefühlsbetont und intuitiv, er schützt seine Empfindlichkeit mit seiner Schale. Sie verkörpert auch die Sicherheit des Krebs-Zuhauses, dem dieses Zeichen verpflichtet ist. Herrscherplanet ist der mütterliche Mond. Gegenzeichen: das Erdzeichen Steinbock.

Löwe

Lat.: Leo

★

23. JULI–23. AUGUST

Fixes Sonnenzeichen. Der Löwe liebt
es zu glänzen. Er ist im Herzen ein
Idealist, positiv und über die Maßen
großzügig. Löwen-Geborene können
vor Stolz brüllen und so zuversicht-
lich wie kompromisslos sein, mit
großem Glauben und Vertrauen
in die Menschheit. Herrscherplanet
ist die Sonne. Gegenzeichen:
der luftige Wassermann.

Jungfrau

Lat.: Virgo

★

24. AUGUST–23. SEPTEMBER

Veränderliches Erdzeichen.
Die Jungfrau gilt als aufmerksam,
detailorientiert und häufig selbst-
genügsam. Die Jungfrau schöpft
aus einem scharfen, nicht selten
selbstkritischen Intellekt und ist
oft sehr gesundheitsbewusst.
Herrscherplanet ist Merkur.
Gegenzeichen: das Wasser-
zeichen Fische.

Skorpion

Lat.: Scorpio

★

24. OKTOBER–22. NOVEMBER

Fixes Wasserzeichen. Entsprechend neigt der Skorpion zu intensiven Gefühlen. Sein Tierkreiszeichen verbindet ihn mit der Wiedergeburt nach dem Tod. Herrscherplaneten sind Pluto und Mars. Wegen seiner starken Spiritualität und tiefen Emotionen braucht der Skorpion Sicherheit, um seine Kraft leben zu können. Gegenzeichen: das Erdzeichen Stier.

Waage

Lat.: Libra

★

24. SEPTEMBER–23. OKTOBER

Kardinales Luftzeichen mit Herrscherplanet Venus. Hier dreht sich alles um Schönheit, Gleichgewicht (dargestellt durch die Waage) und Harmonie in einer eher romantischen, idealen Welt. Mit ihrem Sinn für Ästhetik können Waagen sowohl künstlerisch als auch handwerklich sein. Sie schätzen außerdem Fairness und sind oft sehr diplomatisch. Gegenzeichen: der feurige Widder.

Schütze

Lat.: Sagittarius

23. NOVEMBER–21. DEZEMBER

Veränderliches Feuerzeichen, bei dem sich geistig wie körperlich alles um Reisen und Abenteuer dreht. Schützen haben eine direkte Herangehensweise, sind optimistisch und stecken voller Ideen. Sie lieben es, freien Lauf zu haben, neigen aber zu Verallgemeinerungen. Herrscherplanet ist der gutwillige Jupiter. Gegenzeichen: die luftigen Zwillinge.

Steinbock

Lat.: Capricornus

22. DEZEMBER–20. JANUAR

Kardinales Erdzeichen mit Herrscherplanet Saturn. Der Steinbock gilt als harter Arbeiter und wird von der trittsicheren wie verspielten Ziegenart dargestellt. Er ist vertrauenswürdig und scheut sich nicht vor Verantwortung. Oft sind Steinböcke sehr genügsam und haben die Disziplin für selbstständige Berufe. Gegenzeichen: das Wasserzeichen Krebs.

Fische

Lat.: Pisces

✴

20. FEBRUAR–20. MÄRZ

Veränderliches Wasserzeichen, das
stark auf seine Umgebung reagiert.
Dargestellt durch zwei Fische, die,
in entgegengesetzte Richtungen
schwimmend, manchmal Fantasie
und Realität verwechseln. Von
Neptun beherrscht, ist die Welt
der Fische fließend, fantasievoll
und empathisch. Fische nehmen
oft die Stimmungen anderer
auf. Gegenzeichen: das
Erdzeichen Jungfrau.

Wassermann

Lat.: Aquarius

✴

21. JANUAR–19. FEBRUAR

Trotz seiner Darstellung als Wassermann ein fixes Luftzeichen. Es wird
beherrscht vom unberechenbaren
Uranus, der alte Ideen mit inno-
vativem Denken vom Tisch kehrt.
Der Wassermann ist tolerant und
weltoffen. Ganz auf Menschlich-
keit bedacht, hat er soziale,
gewissensgeleitete Ideale.
Gegenzeichen: der feurige Löwe.

Alles
über

I.

den Stier

Das Zeichen, in dem die Sonne zum Zeitpunkt deiner Geburt stand, ist der ultimative Ausgangspunkt, um deinen Charakter und deine Persönlichkeit durch den Tierkreis zu erforschen.

Fixes Erdzeichen,
dargestellt durch den Stier.

Herrscher ist der Planet
Venus – assoziiert mit der
Göttin der Schönheit, Liebe,
Fruchtbarkeit und des
Wohlstands.

GEGENZEICHEN

Skorpion

LEBENSMOTTO

„Ich habe."

Glücksfarbe

Die Farbe Grün sowie blaugrüne Türkistöne passen perfekt
zur vornehmen und eleganten Stilsicherheit des von der
Venus beherrschten Sternzeichens. Trage diese Farben,
wenn du dich psychisch stärken willst und eine Portion
Mut brauchst. Wenn du nicht in kräftigen Farben auffallen
willst, kannst du Accessoires in dunkleren oder helleren
Tönen wählen – Schuhe, Handschuhe, Socken,
Hüte oder sogar Unterwäsche.

Glückstag

Freitag. Am (für die meisten) letzten Tag der Arbeitswoche sehnt sich auch der hart arbeitende Stier nach der Erholung. Der Freitag hat seinen Namen von der Göttin Frigg oder Frigga aus der altnordischen Mythologie – dem Pendant zur römischem Venus, nach der der Wochentag zum Beispiel im Französischen benannt ist – *vendredi*.

Glücksedelstein

Smaragd. Das leuchtende Grün des Smaragds erinnert
daran, dass der Stier ein Erdzeichen ist. Und es heißt,
dass das brillante Feuer dieses kostbaren Steins
ihn vor Eifersucht beschützt.

Orte

Für Australien, Irland, Tansania und die Schweiz hat der Stier eine besondere Vorliebe. Aus astrologischer Sicht sind für alle in diesem Sternzeichen Geborenen auch die Städte Honolulu, Dublin, Luzern und Palermo günstige Aufenthaltsorte.

Ferien

Der Stier gibt sich in seiner Freizeit gern sinnlichen Genüssen hin, die durchaus auch mit Luxus verbunden sein dürfen. Ein ausgiebiger Spa-Aufenthalt in Thailand ist deshalb eine ebenso gute Wahl wie ein Yoga-Urlaub in den Wäldern Montanas, da beides Körper und Geist verwöhnt. Auch weiß der Stier delikates Essen zu schätzen und ein Gourmettrip – von Italien bis Indonesien – ist ganz nach seinem Geschmack.

VI.

Blumen

Die Mohnblume ist eine der beiden Glücksblumen dieses Tierkreiszeichens. Die andere ist das süß duftende, robuste Veilchen. Beide Blumen wirken stärkend auf den Stier.

Bäume

Die Esche, die Zypresse und vor allem der eng mit
der Liebesgöttin Venus verbundene Apfelbaum,
der zugleich für Erdverbundenheit steht,
werden mit dem Tierkreiszeichen assoziiert.

VIII.

Haustiere

Das weiche Fell einer Katze zu streicheln, verschafft dem
Stier großes Wohlbehagen. Vor allem eine langhaarige Rasse
wie die Perserkatze wird er mit Freude hegen und pflegen.

Feste

Stiere hassen Überraschungspartys, da sie davon überzeugt sind, dass es niemand besser versteht als sie, ein besonderes Event auf die Beine zu stellen. Ihr Traumfest? Ein Candle-Light-Dinner für 30 Personen mit einem aufwendigen Zwölf-Gänge-Menü. Grapefruitsaft und Prosecco dürfen in Strömen fließen und ein Chartreuse Mojito macht auch die schwierigsten Gäste handzahm.

Die Eigenschaften des Stiers

Die herausragenden Eigenschaften Stier-Geborener sind Zuverlässigkeit, Hartnäckigkeit und Fleiß. Mit seinem starken, aber ruhigen Wesen wirkt der Stier auf den ersten Blick nur wenig aufregend. Doch seine grundsolide Vertrauenswürdigkeit wird aufgrund der starken Verbindung mit Mutter Erde durch eine große Portion Realitätssinn und Mitgefühl aufs Beste ergänzt. Es ist der Stier, der Kranken eine warme Mahlzeit ans Bett bringt.

Materieller Besitz ist ihm wichtig und für ein Nomadenleben ist er ganz und gar ungeeignet. Er sehnt sich nach einem sicheren Zuhause, um dort Wurzeln zu schlagen. Diesen Wunsch kann sich der Stier meistens erfüllen, da er bei Gelddingen geschickt ist. So leistet er sich ein behagliches Zuhause, das ein angemessenes Umfeld für seine kostbaren Besitztümer bietet. Dem Stier bedeutet seine Unabhängigkeit viel, was manche fälschlicherweise als Unnahbarkeit deuten. Sein Bedürfnis nach Stetigkeit und seine Abneigung gegen Veränderungen lassen ihn Risiken lieber aus dem Weg gehen. Er handelt nie aus einer Laune heraus, sondern immer mit klarem Verstand.

Beherrscht von der Venus, dem Planeten der Schönheit und Harmonie, und mit einem ausgeprägten Gefühl für Farben und Design gesegnet, liebt es der Stier, schöne Dinge zu erschaffen. Seine praktische Seite sorgt dafür, dass diese solide und von Dauer sind: wie die Werke des spanischen Künstlers Joan Miró, dessen kraftvolle abstrakte Bilder, Collagen, Skulpturen und Wandteppiche einen typischen Stier erkennen lassen. Wenn er nicht selbst als Künstler agiert, hat der Stier mit seinem Stilgefühl und guten Geschäftssinn auch Erfolg als Kunst-sammler*in oder -händler*in. Der sinnliche Stier beweist auch in Sachen Kulinarik und Wein einen verfeinerten Geschmack. Er weiß daher die Gourmetküche und einen abwechslungs-reichen Speisezettel sehr zu schätzen. Seine Vorratskammer ist mit köstlichen Dingen gefüllt und er verbringt viele Stunden damit, köstliche Mahlzeiten für seine Gäste zuzubereiten.

Als eines der unkompliziertesten Sonnenzeichen ist der Stier eine faszinierende Mischung aus Bodenständigkeit und Extra-vaganz. Aber als fixes Zeichen behagen ihm Veränderungen gar nicht und auch Spontaneität ist nicht seine Stärke: Überstürzt zu einem Last-Minute-Flug aufzubrechen, ist so gar nicht sein Stil. Man trifft ihn viel eher mit seinem Louis-Vuitton-Gepäck am First-Class-Check-in. Abrupte Planänderungen sind ihm ein Gräuel und wecken die Sturheit im Stier, für die er be-rüchtigt ist. Die Hufe fest in den Boden gestemmt, wird er sich vehement wehren und für Argumente die Ohren verschließen. Der ansonsten so geduldige Stier kann in einer solchen Situa-tion regelrecht vor Zorn explodieren.

DIE ERDE LOCKERN

Die charakteristischen Eigenschaften jedes Sonnenzeichens lassen sich durch die Qualitäten anderer Zeichen im gleichen Geburtshoroskop ausgleichen (oder manchmal verstärken), insbesondere durch die seines Aszendenten und des Mondes. Wenn also jemand seinem Sonnenzeichen nicht zu entsprechen scheint, ist das der Grund. Allerdings werden die ursprünglichen Stier-Aspekte immer als wichtiger Einfluss vorhanden sein und die Lebenseinstellung von Stier-Geborenen beeinflussen.

Körper und Gesundheit

Stier-Geborene sind häufig von kräftiger Statur und haben aufgrund ihrer Erdverbundenheit und ihres gesunden Selbstbewusstseins einen festen und direkten Blick. Sie strahlen Anmut, Ruhe und Ausgeglichenheit aus, weshalb man sie gern als Begleitung hat. Da der sinnliche Stier gutes Essen zu schätzen weiß, ist er selten sehr schlank, was dem Stier-Mann jedoch ansehnliche Stattlichkeit beschert und der Stier-Frau attraktive weibliche Kurven.

Gesundheit

Anatomisch sind dem Stier der Hals und der Kehlkopf zugeordnet – der Sitz des Adamsapfels (auch der Apfelbaum wird mit dem Stier assoziiert). Unter diesem Tierkreiszeichen Geborene haben oft eine besonders wohlklingende Sprech- und Gesangsstimme, doch der Hals ist zugleich ihr gesundheitlicher Schwachpunkt. Sie neigen zu Halsschmerzen, Problemen mit dem Kehlkopf und den Stimmbändern und ihre Stimme verrät Freude ebenso wie Anspannung. Nicht selten leiden sie auch unter Erkrankungen der Schilddrüse. Enthaltsamkeit geht dem Stier gegen die Natur, doch da er durchaus eitel und auf gutes Aussehen bedacht ist, achtet er auf sein Gewicht.

Sport und Bewegung

Fitnessstudios reizen den Stier wenig, aber Yoga oder Schwimmen tut dem Körper ebenso gut. In bester Absicht begonnene Fitnessprogramme lassen sich häufig nicht mit dem genussbetonten Leben des Stiers in Einklang bringen und bleiben daher oft nicht von langer Dauer. Laufen oder einfaches Spazierengehen sind dagegen leicht in den Alltag zu integrieren, zumal beide Bewegungsformen den praktisch denkenden Stier an sein Ziel bringen.

So kommuniziert der Stier

Der häufig mit einer sehr angenehmen Stimme gesegnete Stier versteht es, jemanden mit gut gesetzten Worten zu betören und seine Körpersprache signalisiert Freundlichkeit und Zugänglichkeit. Dies darf jedoch keineswegs als oberflächliche Flirtbereitschaft missverstanden werden. Der Stier sagt, was er meint, und meint, was er sagt. Mit ihrer Wärme und ihrem ausgeprägten Einfühlungsvermögen sind Stiere gute Zuhörer*innen, ohne dass sie mit vorschnellen Ratschlägen ankommen. Sie überdenken die Dinge erst von allen Seiten, bevor sie ihre Meinung zu einem Problem präsentieren: dann aber mit viel gesundem Menschenverstand und Realitätssinn. Mit seinem eigenen Innenleben und persönlichen Gefühlsdingen geht der Stier hingegen ungern hausieren.

Berufe für
den Stier

Der Stier bevorzugt ein Berufsfeld, in dem er kreativ mit den
Händen tätig sein kann: zum Beispiel in der Küche, im Garten,
im Friseursalon oder als Kosmetiker*in. Dabei scheut er sich
auch nicht davor, sich die Hände schmutzig zu machen, was ihm
bei der Gartenarbeit zugutekommt – die Ernte wird er genussvoll
in der Küche verarbeiten. Design, vor allem verbunden mit einer
praktischen Funktion, begeistert den alles Schöne liebenden
Stier, weshalb er für Tätigkeiten in Architektur und Produkt-
design gut geeignet ist. Wegen seines besonderen Händchens in
Gelddingen kann er zudem als Banker*in Karriere machen.

Anders als die zuweilen etwas abgehobenen Luftzeichen
bringt der Stier Projekte stets zu einem Abschluss. Mit seinem
Sinn fürs Detail ist er auch als Filmproduzent*in oder Redak-
teur*in erfolgreich, da er alles bis zum Ende fest im Blick behält. Wegen seiner Leidenschaft fürs Kochen landet der Stier
nicht selten beruflich in der Küche oder er nutzt seine stimm-
lichen und körperlichen Talente für eine Karriere als Sänger*in
oder Tänzer*in.

So tickt
der Stier

Ob als Freund*in oder Liebespartner*in – wie kommt der Stier
mit den anderen Tierkreiszeichen zurecht? Hier sind astrologische Kenntnisse über die anderen Zeichen äußerst hilfreich.
Mit ihrer Hilfe lassen sich erkennbare Unvereinbarkeiten erklären und werden nicht als persönliche Unzulänglichkeiten fehl-
gedeutet. Manchmal muss der zuweilen ein wenig unflexible
Stier an der Harmonie seiner Beziehungen härter arbeiten.
Bei diesen Bemühungen kann die Planetenkonstellation seine
typischen Anlagen positiv oder negativ beeinflussen. Dies zu
erkennen, hilft dabei, Probleme im Umgang mit anderen Tierkreiszeichen verstehen zu lernen und damit gelassener und
konstruktiv umzugehen.

Die Stier-Frau

Mit Venus als Herrscherin bedeuten der überaus femininen Stier-Frau Romantik und Leidenschaft viel. Instinktiv erkennt sie, wenn eine Begegnung von Bedeutung ist, doch sie wägt in Ruhe ab, bevor sie eine Entscheidung trifft. In ihrer ruhigen Art kann sie zuweilen ein wenig passiv wirken, doch ihr tiefes Vertrauen in ihre Talente, ihren Instinkt und ihren guten Geschmack verleihen ihr eine unwiderstehliche Ausstrahlung.

BERÜHMTE STIER-FRAUEN

Die für ihre Eleganz bekannten Schauspielerinnen Audrey Hepburn und Cate Blanchett sind typische Stier-Frauen. Die Balletttänzerin Darcey Bussell vereint Anmut mit Kraft, die Sängerinnen Barbra Streisand und Janet Jackson haben wunderbare Stimmen und Florence Nightingale und Königin Elisabeth II. beweisen die für die Stier-Frau typische Kraft, Entschlossenheit und Hingabe.

Der Stier-Mann

Auch wenn die Beschreibung der Wesensmerkmale des Stier-Mannes nicht gerade aufregend klingen mag, so machen ihn seine große Vertrauenswürdigkeit und echte Leidenschaft doch zu einem äußerst beliebten Zeitgenossen. Er schätzt es, sich den Freuden des Lebens ausgiebig und genießerisch zu widmen, und wenn er erst einmal für eine Sache gewonnen ist, dann bleibt er auch dabei.

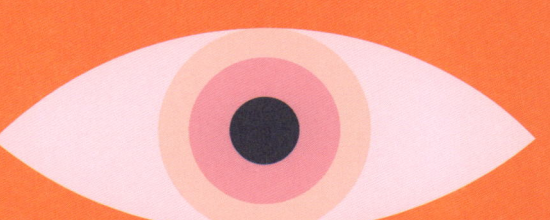

Wer lieb

t wen?

Stier & Widder

Dem Stier bekommt das Temperament des Widders gut und beide genießen die körperliche Sinnlichkeit. Doch Streit über Gelddinge ist vorprogrammiert, weshalb eine Affäre eher funktionieren wird als eine Ehe.

Stier & Stier

Bei allen schönen Gemeinsamkeiten der ebenso fleißigen wie zärtlichen Stiere wird möglicherweise der notwendige Funke fehlen, um beide für eine auch erotisch erfüllende Verbindung zu entflammen.

Stier & Zwillinge

Gegensätze ziehen sich an und diese Erd-Luftzeichen-Kombination kann sehr beflügelnd sein. Doch auf Dauer könnte die eher flatterhafte Art der Zwillinge leicht mit dem tiefen Bedürfnis des Stiers nach Stetigkeit und Zuverlässigkeit kollidieren.

Stier & Krebs

Diese Verbindung profitiert von
dem beiderseitigen Bedürfnis
nach einem sicheren Heimat-
hafen und die ausgeprägte Sinnlichkeit der beiden verspricht
eine wunderbare erotische
Harmonie.

Stier & Löwe

Zwei starke Persönlichkeiten
mit ausgeprägter körperlicher
Sinnlichkeit, die lebendige Erotik
verspricht. Doch die Zurückhaltung des Stiers und der Wunsch
des Löwen nach großen Gesten
können in dieser Erd-Feuer-Ver-
bindung zu Spannungen führen.

Stier
& Jungfrau

Zwischen den beiden Erdzeichen kann
eine tiefe Verbindung entstehen,
geprägt von dem gemeinsamen
Bedürfnis nach Kontinuität und Ordnung. Die Jungfrau mag die starke
Körperlichkeit des Stiers irritieren,
aber etwas Leidenschaft tut ihr gut.

Stier & Skorpion

Auf den ersten Blick haben die beiden nicht viel gemeinsam, doch zwischen ihnen kann ein starkes erotisches Feuer lodern. Problematisch kann jedoch das für beide Zeichen typische Besitzdenken werden.

Stier & Waage

Beide Zeichen stehen unter der Herrschaft der Venus und beide teilen die Liebe für alles Schöne und Kostbare. Doch auch wenn die Leichtigkeit der Waage dem erdverbundenen Stier anfangs guttut, kann sie ihn auf Dauer auch verunsichern.

Stier & Schütze

Die erotische Anziehungskraft zwischen den beiden Tierkreiszeichen lässt keine Langeweile aufkommen! Aber die freie und ungebundene Wesensart des Schützen kann mit dem Bedürfnis des Stiers nach einem ruhigen, häuslichen Leben kollidieren.

Stier
& Wassermann

Die ungeheure Lebensneugier des
unkonventionellen Luftzeichens
Wassermann lässt sich nur schwer
mit der Bodenständigkeit des Stiers
in Einklang bringen. Auf Dauer droht
diese Beziehung den Wassermann
zu sehr einzuengen.

Stier & Fische

Obwohl die Sinnlichkeit sie verbindet,
kann der erdverbundene Stier den
träumerischen Fisch zuweilen als zu
wirklichkeitsfern empfinden. Dessen
Kreativität, auch in der Erotik,
weiß er jedoch zu schätzen.

Stier
& Steinbock

Da beide Tierkreiszeichen
geradeheraus sind, ähnliche
Lebensziele verfolgen und einen
ausgeprägten Sinn für Humor
haben, kann sie eine wunderbare
und dauerhafte Freundschaft
verbinden. Romantik spielt dabei
eine eher untergeordnete Rolle.

Love-o-meter für den Stier

Am wenigsten kompatibel:

Wassermann · Stier · Waage · Skorpion · Fische · Steinbock

Widder   Schütze   Zwillinge   Löwe   Jungfrau   Krebs

Perfekter Treffer: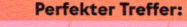

Die Welt des

II.

Stiers

Dieser Abschnitt führt dich
tiefer in die Welt deines Sonnenzeichens. Du erfährst, wie
es dich antreiben oder zurück-
halten kann, und du kannst
anfangen, darüber nachzu-
denken, wie du dieses Wissen
für dich nutzen möchtest.

So wohnt der Stier

Die Wohnung des Stiers strahlt Ordnung aus, auch wenn sie nicht selten eine umfangreiche Sammlung an Kunstobjekten und Bildern enthält. Doch die Teppiche werden stets gerade liegen, die Bücher ordentlich im Regal stehen und das Bett gemacht sein. Wenn der Stier nach einem harten Arbeitstag nach Hause kommt, braucht er ein Wohlfühlambiente, in dem alles an seinem Platz ist. Die Küche ist für den genussliebenden Stier ein wichtiger Ort, sodass sie in der Regel mit hochwertigem Kochgeschirr und den neuesten Küchengeräten perfekt ausgestattet ist.

Stiere lieben edle und opulente Materialien, gern in Kombination mit einem eleganten Holzparkett oder hochwertigen Naturfliesen. Das Farbspektrum umfasst vor allem Erdtöne sowie Grün, Rotbraun und weitere Braunschattierungen. Häufig finden sich in der Wohnung des Stiers außerdem sorgfältig gepflegte Zimmerpflanzen.

Da der Stier sehr naturverbunden ist und ein Händchen für Pflanzen hat, spielt der Garten eine große Rolle für ihn. Auch ein Balkon oder ein Winter- oder Dachgarten verschafft ihm die Möglichkeit, sich beim Umgang mit Pflanzen zu erden.

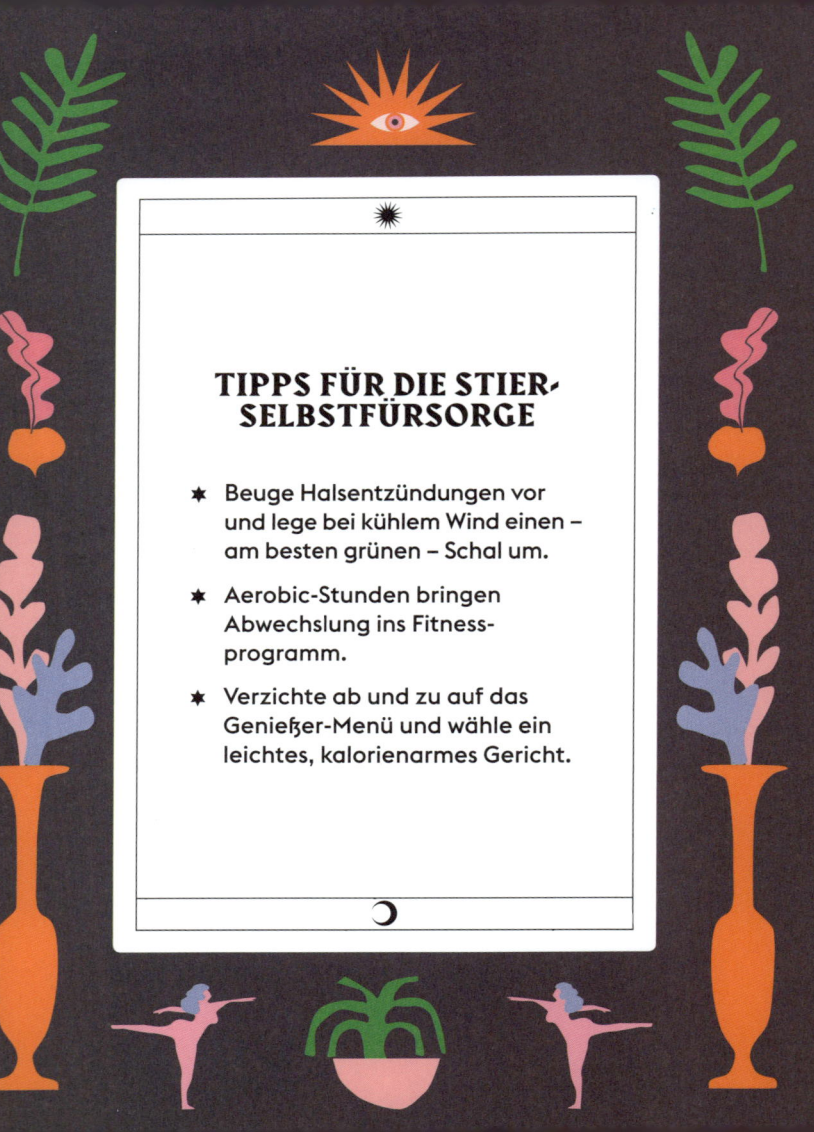

TIPPS FÜR DIE STIER-SELBSTFÜRSORGE

★ Beuge Halsentzündungen vor und lege bei kühlem Wind einen – am besten grünen – Schal um.

★ Aerobic-Stunden bringen Abwechslung ins Fitness-programm.

★ Verzichte ab und zu auf das Genießer-Menü und wähle ein leichtes, kalorienarmes Gericht.

Selbstfürsorge

Der Stier ist eines der wenigen Tierkreiszeichen, das man nicht zur Achtsamkeit drängen muss: Er hat sie buchstäblich erfunden! Da er gute Nerven hat und nicht zu Neurosen neigt, plagen ihn normalerweise keinerlei Schlafprobleme. Er ist auch kein Hypochonder, sondern erträgt kleinere Wehwehchen, ohne sie zu dramatisieren, mit großer Gelassenheit. Das heißt aber keineswegs, dass er nicht auf seine Gesundheit achten würde. Im Gegenteil, er ist mit großer Wahrscheinlichkeit ein Dauergast beim Yoga-Kurs.

Da der Stier Rituale liebt, treibt er oft konsequent und routiniert Sport. Und als sinnlicher Genießer schätzt er es, sich bei einem Aufenthalt in einem Wellness-Spa nach dem Fitnessprogramm ausgiebig auf der Massagebank verwöhnen zu lassen oder in der Sauna zu entspannen. Auch sein Badezimmer ähnelt – ausgestattet mit Stapeln flauschiger Handtücher und exquisiten Pflegeprodukten – einem Wellness-Tempel. Schließlich legt der von der Venus, dem Planeten der Schönheit, beherrschte Stier großen Wert darauf, sein gutes Aussehen und seine Attraktivität so gut wie möglich zu erhalten.

DIE STIER-SPEISEKAMMER

★ Ein Bouquet garni – am besten von selbst gezogenen Kräutern.

★ Als Kochzutat Schokolade mit 80-prozentigem Kakaoanteil.

★ Kalt gepresstes Olivenöl extra vergine.

Kochen
und
Essen

Für den mit allen Sinnen genießenden Stier zählt beim Essen nicht nur der Geschmack, sondern auch der Duft und die Konsistenz. Natürlich isst das Auge mit! Für den Stier bedeutet ein Gericht weit mehr als reine Energiezufuhr: Er betrachtet es eher als ein Kunstwerk. Und auch wenn der Stier seine Lieblingsrezepte sehr schätzt, ist er doch immer darum bemüht, sie noch zu verbessern und das Ergebnis aufzupeppen. Backt er eine Torte, wird sie immer verschwenderisch dekoriert sein.

Dem Stier ist die Qualität der Zutaten wichtig und er versucht sich lieber an besonderen Delikatessen wie Coq au Vin als an einem einfachen Hähnchengericht. Das Kochen selbst – sei es das Kleinschneiden von Zutaten oder das Umrühren eines Eintopfs – hat für ihn eine beinahe meditative Qualität. Und auch nach einem langen Arbeitstag würde sich der Stier eher ein Pilzrisotto zubereiten, als einfach nur ein Ei in die Pfanne zu schlagen.

TIPPS FÜR DEN UMGANG MIT GELD

✳ Bewahre dein Geld sicher auf – aber nicht unter der Matratze.

✳ Vergiss vor lauter Geldverdienen nicht, es auch genussbringend auszugeben.

✳ Vertraue in Anlagedingen auf deinen gesunden Menschenverstand.

Stiere und das liebe Geld

Der Stier versteht es besser als jedes andere Tierkreiszeichen, mit Geld umzugehen: Er ist ebenso erfolgreich im Geldverdienen wie darin, es zusammenzuhalten. Aber auch für eine geschickte Geldanlage und bedachte Ausgaben hat er ein gutes Händchen, denn er weiß den Wert des Geldes zu schätzen. Sein Vermögen ist ihm nicht in den Schoß gefallen, er verdankt es großem Fleiß und Einsatz – und sei es durch sein konsequentes Verfolgen des Finanzmarktes. Glücksspiel oder gar die Anlage in eine rein digitale Kryptowährung wie Bitcoin sind nicht sein Stil und ihm auch viel zu riskant. Da sind ihm Immobilien und Wertobjekte zum Anfassen viel lieber.

Der Stier ist von Natur aus alles andere als verschwenderisch. Als Bullenmarkt bezeichnet man anhaltend steigende Börsenkurse, die besonders der Stier gern nutzt, um sein Vermögen zu vermehren. Geld bedeutet für ihn in allererster Linie persönliche Sicherheit, weshalb er sich für Krisenzeiten und für das Alter finanziell solide absichert. Eine kleine Schwäche hat der Stier allerdings: Er leistet sich am liebsten selbst etwas von seinem Geld, weshalb seine Geschenke zuweilen etwas kleinlich ausfallen.

Der Stier und seine Vorgesetzten

Der Stier möchte auch in seiner beruflichen Tätigkeit einen sicheren Hafen finden, der ihm seine Seelenruhe bewahrt, und er erhofft sich, dass seine Vorgesetzten ihm dies ermöglichen. Das verleitet den Stier zuweilen zu einer allzu großen Nachgiebigkeit und Passivität, was in Berufsfeldern, in denen Eigenständigkeit und Initiative gefragt ist, problematisch sein kann.

Von Natur aus ein Teamplayer, sporrt der Stier mit seinem Fleiß und großem Einsatz seine Kolleg*innen an, was ihn als Mitarbeiter*in sehr begehrt macht. Auch seine Fähigkeit, genau zuzuhören und stets ein durchdachtes Feedback zu geben, trägt zu seiner Beliebtheit im Kollegium bei. Außerdem sind Stiere zumeist gut drauf, stets loyal, immer für einen Spaß zu haben und nie daran interessiert, Ärger zu provozieren.

Vorgesetzte schätzen den Stier auch aufgrund seiner Hartnäckigkeit, mit der er Aufgaben zielorientiert und konsequent zu einem guten Ende bringt. Man kann dem verlässlichen Stier daher besten Gewissens vertrauensvolle Arbeiten übertragen. Mit unermüdlichem Einsatz und großer Gewissenhaftigkeit macht er sich schnell unverzichtbar und kann auf eine Beförderung hoffen.

TIPPS FÜR DEN UMGANG MIT VORGESETZTEN

* Nutze beim Präsentieren von Ideen deine humorvolle Gelassenheit und dein Einfühlungsvermögen.

* Stimme dein Vorgehen ab, anstatt eigenwillig vorzupreschen.

* Erinnere ruhig daran, dass du nicht langsam, sondern sorgfältig arbeitest, wie deine guten Ergebnisse zeigen.

TIPPS FÜR EIN LEICHTERES LEBEN

★ Nimm es gelassen, wenn der Geschirrspüler wieder einmal nicht nach deinen Vorstellungen befüllt wurde.

★ Ein Hausarbeitsplan hilft, aber halte ihn flexibel genug für Änderungen.

★ Schließe kostbare Dinge, die du nicht gern teilst, einfach weg.

Wie lebt es sich mit dem Stier?

Seine Vorliebe für ein schönes und geordnetes Ambiente und seine praktische Ader lassen den Stier die täglich notwendigen Hausarbeiten stets im Blick behalten: Sein Badezimmerschrank quillt nie über und den Abwasch erledigt er konsequent noch am Abend, damit er sich entspannt und zufrieden zur Ruhe legen kann. Seinen Haushalt stattet der Stier gern in bester Qualität aus – von flauschigen Markenhandtüchern bis zum brandaktuellen Küchenutensil.

Der Stier ist allgemein als verträglicher Geselle bekannt. Dies gilt aber nur so lange, wie es nach seinem Kopf geht. Man sollte also über Kompromissbereitschaft verfügen, wenn man mit ihm nicht ständig Auseinandersetzungen riskieren will. Da er schöne und kostbare Dinge liebt (und zumeist nicht teilen möchte), verleiht er nur ungern etwas und reagiert äußerst gereizt, wenn jemand etwas ausborgt, ohne vorher zu fragen! Andererseits kann der Stier jedoch auch sehr großzügig sein und ist als überaus herzliche*r Gastgeber*in bekannt (solange der Besuch sich die Füße abtritt, bevor er hereinkommt).

Stiere
und
Trennungen

Eine Trennung ist für den Stier besonders schwierig, da er sich für eine Beziehung erst nach reiflicher Überlegung entscheidet und immer auf eine dauerhafte Partnerschaft aus ist. Zudem hasst der Stier Veränderungen und braucht möglicherweise lange, bis er nach einer solchen Erfahrung wieder zu einer Beziehung bereit ist. Wenn die Trennung problematisch verläuft, verletzt sie zudem sein ausgeprägtes Harmoniebedürfnis. Der Stier ist grundsätzlich zu Auseinandersetzungen bereit, doch es fällt ihm schwer, einem Menschen, den er vormals geliebt hat, wehzutun. Deshalb behält er lieber manches für sich, was es für Partner*innen oft schwer macht, die Trennungsgründe wirklich nachzuvollziehen.

TIPPS FÜR EINE LEICHTERE TRENNUNG

✶ Zeige deine Gefühle, anstatt sie in dich hineinzufressen.

✶ Wenn dich die Trennung über-rascht, lass dir ausreichend Zeit für deine Reaktion.

✶ Kämpfe nicht um gemeinsamen Besitz; es ist den Streit einfach nicht wert.

So will der Stier geliebt werden

Der Stier liebt körperliche Nähe über alles und muss auch physisch spüren, dass er geliebt wird. Eine reine Liebeserklärung reicht ihm nicht aus, dafür schätzt er Umarmungen um so mehr. Auch ein extra für ihn gekochtes Mahl oder etwas Selbstgebautes für sein Zuhause nimmt er, sofern es seinem Geschmack entspricht, gern als Liebesbeweis an. Für jemanden, der es gewohnt ist, eine Beziehung eher zwanglos zu führen, mag dies etwas anstrengend sein, aber der Stier dankt die ihm erwiesenen Aufmerksamkeiten mit großer Freude und Zufriedenheit.

Andererseits zeigt sich der Stier aufgrund seiner Zurückhaltung mit seinen eigenen Liebesbekundungen eher sparsam. Das bedeutet jedoch keineswegs, dass er unfähig wäre, echte und intensive Gefühle für jemanden zu empfinden.

Stille Wasser sind tief und der Stier empfindet mehr, als er zeigt. Zudem ist er als Freund*in und Partner*in durch und durch zuverlässig. Untreue ist so gar nicht sein Stil und seine Beständigkeit, gepaart mit einem Hang zum Bequemen, hält ihn von Eskapaden ab. „Weshalb woanders ein schlichtes Schnitzel essen, wenn ich zu Hause ein Steak haben kann?", lautet seine Devise.

Da dem Stier als Körperteil der Hals zugeordnet ist, handelt es sich bei seinem Nackenbereich um eine ausgeprägt erogene Zone. Über einer guten Nacken- und Schultermassage kann er auch den schlimmsten Stress vergessen. Dies ist die Art von Liebe, die der körperbetonte Stier sich wünscht, vor allem, wenn dabei das Ambiente stimmt und edle Massageöle mit im Spiel sind. So wird selbst der wildeste Stier mühelos handzahm und sanftmütig.

TIPPS FÜR DIE LIEBE ZUM STIER

★ Körper und Seele des Stiers sind eine untrennbare Einheit: Beide wollen gehegt und gepflegt werden.

★ Stiere schätzen Zuverlässigkeit: Steht ein Date im Kalender, ist es gesetzt.

★ Die Worte „Ich liebe dich" reichen dem Stier nicht! Er braucht handfeste Beweise.

Stiere und Sexualität

Für den sinnlichen Stier steht beim Sex das gemeinsame körperliche Genießen im Vordergrund. Er hält sich nicht lange mit dem Vorspiel auf und bleibt mit dem Partner am liebsten in Blickkontakt. Vertrauen und Ehrlichkeit bedeuten ihm alles, sodass ein One-Night-Stand für ihn nicht infrage kommt. Da ein entspanntes und angenehmes Umfeld für den Stier eine wichtige Voraussetzung ist, um genießen zu können, ist sein Sex zumeist wohl geplant. Manchmal strahlt besonders die Stier-Frau eine außergewöhnliche erotische Zartheit aus und versteht es, mit großer sinnlicher Sanftheit zu lieben.

Wenn sich der Stier geborgen fühlt, kann er sehr verspielt sein und schreckt dann vor lustvoll-experimentellen Liebes-varianten nicht zurück. Bei großer Vertrautheit ist er auch zu Rollenspielen bereit, doch nur bis zu einem gewissen Punkt, denn reine Kopf-Fantasien erregen ihn nicht sonderlich. Rest-los glücklich macht ihn nach dem Liebesspiel das wunderbare Gefühl der Geborgenheit in den Armen der*s Geliebten. Für den Stier ist Sex das beste Mittel zum Einschlafen, das es gibt!

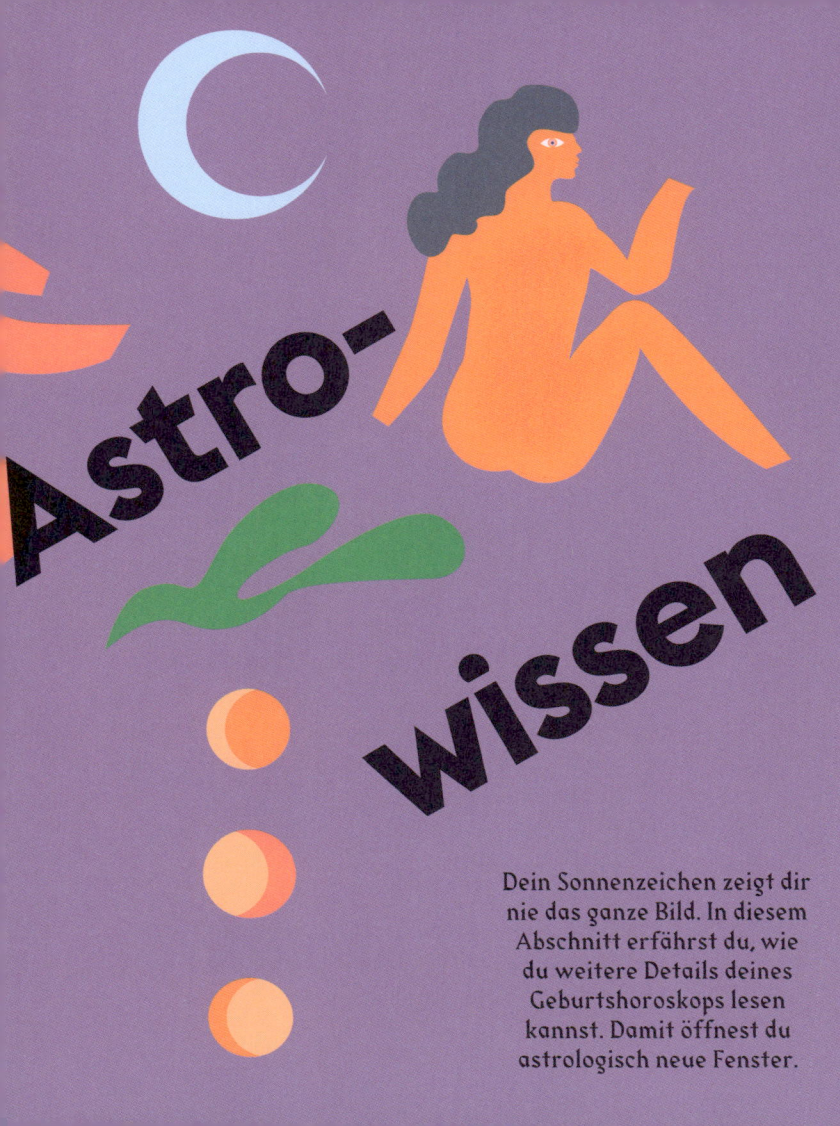

Astro-
wissen

Dein Sonnenzeichen zeigt dir
nie das ganze Bild. In diesem
Abschnitt erfährst du, wie
du weitere Details deines
Geburtshoroskops lesen
kannst. Damit öffnest du
astrologisch neue Fenster.

Dein Geburts- horoskop

Dein Geburtshoroskop ist ein Schnappschuss eines Moments an einem bestimmten Ort zum genauen Zeitpunkt deiner Geburt. Es gilt demnach nur für dich und ist völlig einzigartig. Es ist wie eine Blaupause, eine Landkarte oder eine Aussage über Begebenheiten, die mögliche Charakterzüge und Einflüsse abbilden – aber es ist nicht dein Schicksal. Dein Geburtshoroskop ist nur ein symbolisches Instrument, auf das du dich beziehen kannst, basierend auf den Planetenkonstellationen bei deiner Geburt. Wer keinen Astrologen aufsuchen mag, kann sich sein Geburtshoroskop in wenigen Minuten online erstellen lassen (siehe auch S. 108). Wenn du deine genaue Geburtszeit nicht kennst, reichen das Datum und der Geburtsort zum Erstellen einer ersten, groben Vorlage.

Denke daran, dass in der Astrologie nichts per se gut oder schlecht ist, wie es auch keine expliziten Zeitangaben oder Vorhersagen gibt: Es ist alles eher eine Frage der Einflüsse und wie sich diese positiv oder negativ auswirken könnten. Und wenn wir eine gewisse Einsicht haben und Instrumente, mit denen wir uns unseren Umständen und unserer Umgebung annähern, sie sehen oder interpretieren können, gibt uns das etwas an die Hand, mit dem wir arbeiten können.

Wenn du dein Geburtshoroskop liest, hilft es, zunächst die Mittel der Astrologie zu betrachten, die dir zur Verfügung stehen. Dazu gehören nicht nur die zwölf Zeichen und das, was sie symbolisieren, sondern auch die zehn Planeten, mit denen die Astrologie arbeitet, und deren Eigenschaften sowie die zwölf Häuser und ihre Bedeutung. Einzeln sind diese Instrumente nur von flüchtigem Interesse, aber wenn man anfängt zu sehen, wie sie eventuell nebeneinanderstehen, wird das größere Ganze zugänglicher und man beginnt, Einsichten zu gewinnen, die nützlich sein können.

Allgemein steht jeder Planet für eine andere Energie. Die astrologischen Zeichen schlagen die Art und Weise vor, in denen sich diese Energien ausdrücken können, und die Häuser stellen Erfahrungsfelder dar, in denen dieser Ausdruck wirksam werden kann.

Als Nächstes kommen die Positionen der Zeichen an vier Schlüsselstellen ins Bild: der Aszendent und sein Gegenüber, der Deszendent; die Himmelsmitte (lat.: *Medium coeli*, kurz MC) und ihr Gegenüber, das *Imum coeli* (IC); dazu die Aspekte, die durch Gruppierungen von Zeichen und Planeten entstehen.

Jetzt kannst du sehen, wie hintergründig das Lesen eines Horoskops sein kann, wie unendlich in seiner Vielfalt und überaus individuell. Mit diesem Wissen und einem praktischen Verständnis für die Symbolik und die Einflüsse der Zeichen, Planeten und Häuser deines Profils kannst du beginnen, diese Instrumente als Hilfe bei Entscheidungen und anderen Lebensaspekten heranzuziehen.

Das Horoskop lesen

In deinem von Hand oder per Onlineprogramm angefertigten Geburtshoroskop siehst du einen Kreis, unterteilt in zwölf Segmente. An verschiedenen Punkten sind Informationen gebündelt. Sie geben die Position jedes Tierkreiszeichens an, in welchem Segment es steht und auf wie viel Grad. Unabhängig von den personenspezifisch relevanten Merkmalen ist jedes Horoskop nach dem gleichen Muster aufgebaut, wenn es um die Auslegung geht.

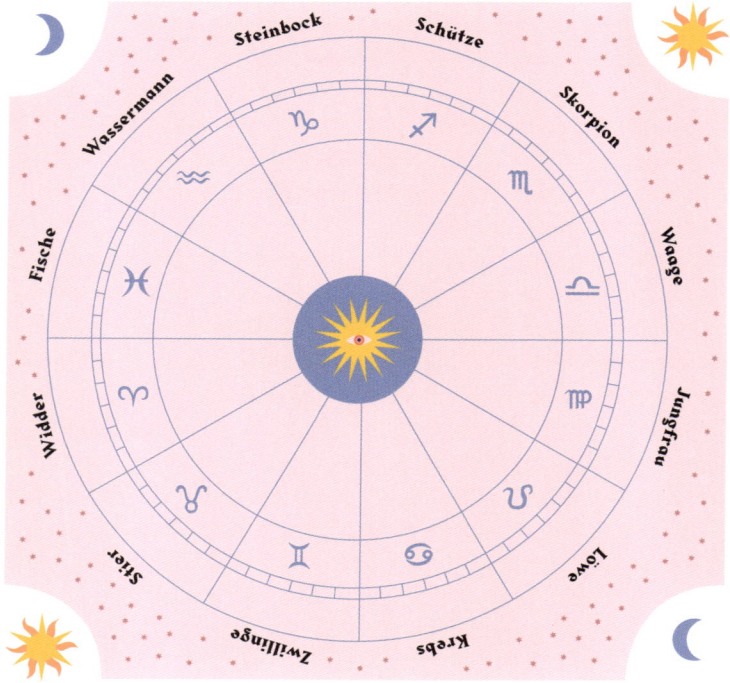

Stier

Auf Grundlage von Geburtszeit, Geburtsort und den Planetenkonstellationen zu diesem Zeitpunkt wird das Geburtshoroskop erstellt, auch Radixhoroskop genannt.

Wenn man sich das Horoskop als Ziffernblatt vorstellt, beginnt das erste Haus (siehe S. 95–99) an der 9. Von diesem Punkt aus wird das Horoskop gegen den Uhrzeigersinn durch alle zwölf Kreissegmente hindurch bis zum zwölften Haus gelesen.

Der Anfangspunkt, die 9, ist auch der Punkt, in dem die Sonne bei deiner Geburt aufging. Dies zeigt dir deinen Aszendenten, dein aufsteigendes Zeichen. Gegenüber, an der 3 des Ziffernblatts, liegt dein absteigendes Zeichen, der Deszendent. Deine Himmelsmitte, das MC, liegt auf der 12, ihr Gegenüber, das IC, auf der 6 (siehe S. 101–102).

Wenn wir die Bedeutung der Eigenschaften der astrologischen Zeichen und Planeten, ihre jeweiligen Energien und Positionen sowie die Aspekte zwischen ihnen verstehen, kann dies helfen, uns selbst und die Beziehung zu anderen zu begreifen. Auch im täglichen Leben hilft astrologisches Grundwissen, die wechselnden Planetenkonfigurationen und ihre Auswirkungen besser einzuordnen, genau wie die wiederkehrenden Muster, durch die Chancen und Möglichkeiten mal verringert und mal vermehrt werden können. Mit diesen Einflüssen zu leben und nicht gegen sie, kann das Leben leichter und letztlich auch erfüllter machen.

Der Mond-effekt

Wenn dein Sonnenzeichen dein Bewusstsein, deine Lebenskraft und deinen individuellen Willen symbolisiert, dann steht der Mond für die Seite deiner Persönlichkeit, die du eher geheim oder versteckt hältst. Er ist das Reich des Instinkts, der Intuition, der Kreativität und des Unbewussten, das dich emotional an neue, manchmal nur schwer zu verstehende Orte führt. Dieser Effekt verleiht einer Person Feinheiten und Nuancen, weit über ihr Sonnenzeichen hinaus. So magst du deine Sonne im Stier haben, mit allem, was das bedeutet, doch gleicht ihn vielleicht ein intuitiver und mystischer Mond in Fische aus. Oder du hast deine Sonne im offenherzigen Löwen, aber den Mond im Wassermann, mit all seiner rebellischen, emotionalen Distanziertheit.

Die Mondphasen

Der Mond kreist in rund 28 Tagen um die Erde. Wie viel wir von ihm sehen, hängt davon ab, wie viel Sonnenlicht er reflektiert. Dadurch scheint er zu- und abzunehmen. Bei Neumond beleuchtet die Sonne nur ein kleines Stück. Je mehr er zunimmt, desto mehr Licht reflektiert er. Er wird von der Sichel zum zunehmenden Sichelmond und zum ersten Viertel; dann zum zunehmenden Dreiviertelmond und zum Vollmond. Danach nimmt er ab, erst zum abnehmenden Dreiviertelmond, dann zum letzten Viertel. Der Zyklus beginnt erneut. All dies geschieht in einem Zeitraum von vier Wochen. In manchen Kalendermonaten gibt es sogar zwei Vollmonde – *Blue Moon* heißt der zweite im Englischen.

Der Mond bewegt sich jeden Monat auch durch ein neues Tierkreiszeichen, wie wir von unserem Geburtshoroskop wissen. Auch dies bringt uns Informationen: Ein Mond im Skorpion kann ganz anders wirken als ein Steinbock-Mond und je nach dem persönlichem Horoskop kann dies monatlich einen wechselnden Einfluss haben. Wenn in deinem Geburtshoroskop der Mond zum Beispiel in der Jungfrau steht, wird der tatsächliche Mond einen zusätzlichen Einfluss bringen, wenn er in die Jungfrau wandert. Weitere Informationen hierzu findest du auf den Seiten zu den Tierkreiszeichen (siehe S. 12–17).

Der Mondzyklus hat einen energetischen Effekt, den man gut an den Gezeiten erkennen kann. Da der Mond ein Fruchtbarkeitssymbol ist und für unsere tiefere, psychologische Seite steht, können wir dies aus astrologischer Sicht nutzen, um uns eingehender und kreativer auf die Lebensaspekte zu konzentrieren, die uns wichtig sind.

Eklipsen

Allgemein gesagt verschleiert eine Eklipse (Finsternis) Situationen und verhindert, dass Licht auf sie fällt. Astrologisch gesehen ist hierbei wichtig, wo Sonne oder Mond zum Zeitpunkt der Eklipse im Verhältnis zu anderen Planeten stehen. So wird eine Sonnenfinsternis in den Zwillingen einen Zwillinge-Einfluss mit sich bringen oder Zwillinge beeinflussen.

Wenn ein Lebensbereich versteckt oder ins Licht gerückt wird, ist dies eine Einladung, ihm Aufmerksamkeit zu schenken. Bei Eklipsen geht es im Allgemeinen um den Anfang oder das Ende einer Sache. Früher hielt man sie für Omen, wichtige Zeichen, die man beachten musste. Da man Eklipsen berechnen kann, werden sie astronomisch kartiert. Ihre astrologische Bedeutung kann somit im Voraus eingeschätzt werden und man kann deshalb auch im Voraus darauf reagieren.

Die zehn Planeten

In der Astrologie sprechen wir von zehn Planeten (allerdings nicht in der Astronomie, da die Sonne eigentlich ein Stern ist). Jedem Sternzeichen ist ein Herrscherplanet zugeordnet; Merkur, Venus und Mars regieren je zwei Zeichen. Die Eigenschaften der Planeten beschreiben diejenigen Einflüsse, die auf die Zeichen wirken können. Die Gesamtheit dieses Wissens fließt in die Auslegung eines Geburtshoroskops ein.

Mond

Dieses Zeichen formt ein Gegenprinzip
zur Sonne und bildet ein Paar mit ihr.
Er verkörpert das Weibliche und steht
für Geborgenheit und Empfänglichkeit
und dafür, wie wir instinktiv und
gefühlsmäßig reagieren.

Herrscher von Krebs

Sonne

Verkörpert das Männliche. Sie gilt
als lebensentfachende Energie,
was auf eine väterliche Energie
im Geburtshoroskop hindeutet.
Die Sonne symbolisiert unser
Selbst oder unseren Wesenskern
und unsere Bestimmung.

Herrscher von Löwe

Merkur

Der Planet der Kommunikation.
Symbolisiert den Drang, die
Gedanken durch Worte zu ver-
stehen und mitzuteilen.

Herrscher von Zwillinge und Jungfrau

Venus

**Der Planet der Liebe. Hier geht es
um Anziehung, Verbundenheit und
Lust. Im Horoskop einer Frau symbolisiert er ihren weiblichen Stil,
im Horoskop eines Mannes
seine*n ideale*n Partner*in.**

Herrscher von Stier und Waage

Mars

**Dieser Planet symbolisiert Energie
pur (Mars ist der Gott des Krieges),
zeigt aber auch, in welchen Bereichen
wir am ehesten durchsetzungsfähig,
aggressiv oder risikobereit sind.**

Herrscher von Widder und Skorpion

Saturn

Wird manchmal der weise Lehrer oder
Lehrmeister der Astrologie genannt.
Er symbolisiert gelernte Lektionen und
Grenzen und zeigt uns den Wert
von Entschlossenheit, Zähigkeit
und Widerstandsfähigkeit.

Herrscher von Steinbock

Jupiter

Der größte Planet unseres Sonnen-
systems. Symbolisiert Freigebigkeit
und Wohltätigkeit, alles, was expansiv
und heiter ist. Wie bei dem Zeichen,
über das er herrscht, geht es auch darum, sich auf Reisen und Erkundungen
von zu Hause wegzubewegen.

Herrscher von Schütze

Uranus

Symbolisiert das Unerwartete, neue
Ideen und Innovation; den Drang,
das Alte niederzureißen und das
Neue einzuführen. Der Nachteil kann
eine Unfähigkeit sein, sich einzu-
fügen, und somit das Gefühl,
ein Außenseiter zu sein.

Herrscher von Wassermann

Pluto

Dem Hades (lat.: *Pluto*), Gott der
Unterwelt oder Toten, zugeordnet,
übt dieser Planet eine mächtige Kraft
aus, die unter der Oberfläche liegt und
die in ihrer negativsten Ausprägung
für Obsessionen und zwanghaftes
Verhalten stehen kann.

Herrscher von Skorpion

Neptun

Mit dem Meer verbunden, steht er
für die unterhalb liegenden Dinge,
unter Wasser und zu tief, um klar er-
kannt zu werden. Sensibel, intuitiv
und künstlerisch, symbolisiert er die
Fähigkeit, bedingungslos zu lieben,
zu verzeihen und zu vergessen.

Herrscher von Fische

Die vier Elemente

Die Unterteilung der zwölf Sternzeichen in die Elemente Erde, Feuer, Luft und Wasser liefert noch weitere Eigenschaften. Sie wurzelt in der altgriechischen Medizin, die lehrte, dass der Körper aus vier Körperflüssigkeiten oder „-säften" bestand: Blut, gelbe und schwarze Gallenflüssigkeit sowie Schleim. Sie entsprachen den vier Temperamenten sanguinisch, melancholisch, cholerisch und phlegmatisch, den vier Jahreszeiten Frühling, Sommer, Herbst und Winter und den vier Elementen Luft, Feuer, Erde und Wasser.

In der Astrologie beschreiben diese symbolischen Eigenschaften weitere Aspekte der unterschiedlichen Zeichen. C. G. Jung verwendete sie in seiner Psychologie und noch heute bezeichnen wir Menschen in ihrer Lebenseinstellung zum Beispiel als feurig oder luftig oder sagen, sie seien „in ihrem Element". In der Astrologie heißt es, dass Sonnenzeichen des gleichen Elements eine Affinität oder ein Verständnis füreinander haben.

Wie immer in der Astrologie gibt es hierbei Positives und Negatives. Das Wissen um eine „Schattenseite" kann in Bezug auf die Selbsterkenntnis hilfreich sein und auf das, was man vielleicht verbessern oder ausgleichen sollte, besonders im Umgang mit anderen.

Luft

ZWILLINGE ✳ WAAGE ✳
WASSERMANN

Feuer

WIDDER ✳ LÖWE ✳
SCHÜTZE

Diese Zeichen glänzen im Reich der Ideen. Scharfsinnig und visionär, dabei in der Lage, das große Ganze zu sehen, haben Luftzeichen eine reflektierende Qualität, die Situationen entspannen kann. Zu viel Luft kann Absichten zerstreuen, was Zwillinge unentschlossen machen, die Waage zum Zaudern bringen und den Wassermann teilnahmslos erscheinen lassen kann.

Diese Zeichen umgibt Wärme und Energie, eine positive Herangehensweise, Spontaneität und Enthusiasmus, die andere sehr inspirieren und motivieren kann. Nachteilig kann sein, dass der Widder sich gern kopfüber in Sachen stürzt, der Löwe viel Aufmerksamkeit braucht und der Schütze viel redet, aber nichts liefert.

Erde

STIER ✳ JUNGFRAU ✳ STEINBOCK

Typischerweise genießen
Erdzeichen sinnliche Freuden,
Essen und andere körperliche
Befriedigungen. Sie fühlen
sich gern geerdet und lassen
Taten für ihre Ideen sprechen.
Der Nachteil ist, dass Stier-
Geborene dickköpfig sein
können, Jungfrauen pingelig
und Steinböcke verbissen
konservativ.

Wasser

KREBS ✳ SKORPION ✳ FISCHE

Wasserzeichen sind sehr
reaktionsfreudig, wie die
Gezeiten mit Ebbe und Flut,
dazu aufmerksam und intuitiv – manchmal sogar über die
Maßen, wegen ihrer besonderen Fähigkeit zu fühlen. Der
Nachteil ist eine Tendenz, sich
überfordert zu fühlen. Dies
kann den Krebs so hartnäckig
wie selbstschützend werden
lassen, Fische wechselhaft in
ihrer Aufmerksamkeit und
den Skorpion unberechenbar
und intensiv.

Kardinale, fixe und veränderliche Zeichen

Zusätzlich zur Unterteilung in die vier Elemente sind die Sternzeichen auch noch auf drei andere Arten gruppiert, die verdeutlichen, wie ihre Energien agieren oder reagieren können. Dies verleiht ihren besonderen Eigenschaften weitere Tiefe.

Kardinal

WIDDER ✷ KREBS ✷ WAAGE ✷ STEINBOCK

Kardinalzeichen sind aktive Zeichen mit der Energie, die Initiative zu ergreifen und Dinge in Gang zu setzen. Der Widder hat die Vision, der Krebs die Gefühle, die Waage die Kontakte und der Steinbock die Strategie.

Stier

Fix

STIER ✳ LÖWE ✳ SKORPION ✳ WASSERMANN

Langsamer, aber entschlossener arbeiten diese Zeichen, um voranzukommen; sie halten das am Laufen, was die kardinalen Zeichen initiiert haben. Der Stier bietet körperlichen Komfort, der Löwe Loyalität, der Skorpion emotionale Unterstützung und der Wassermann guten Rat. Auf fixe Zeichen ist Verlass, doch haben sie die Tendenz, sich gegen Veränderungen zu wehren.

Veränderlich

ZWILLINGE ✳ JUNGFRAU ✳ SCHÜTZE ✳ FISCHE

Anpassungsfähig und neuen Ideen, Orten und Menschen gegenüber aufgeschlossen, können sich veränderliche Zeichen leicht auf ihre Umgebung einstellen. Zwillinge sind geistig beweglich, die Jungfrau praktisch und vielseitig. Der Schütze visualisiert Möglichkeiten und die Fische sind empfänglich für Wandel.

Die zwölf Häuser

Das Geburtshoroskop ist in zwöf Häuser unterteilt, die für unterschiedliche Lebensbereiche und -funktionen stehen. Wenn man dir sagt, dass du ein Zeichen in einem bestimmten Haus hast – zum Beispiel die Waage (Gleichgewicht) im fünften Haus (Kreativität und Sexualität) –, kannst du diese Einflüsse interpretieren im Hinblick auf ganz spezifische Hinweise dafür, wie du einen Aspekt deines Lebens angehen könntest.

Jedes Haus ist mit einem Sonnenzeichen, seinem „natürlichen Herrscher", verknüpft und wird so durch Eigenschaften dieses Zeichens repräsentiert.

Drei der Häuser gelten als mystisch und beziehen sich auf unsere innere, übersinnliche Welt: das vierte (Zuhause), das achte (Tod und Wiedergeburt) und das zwölfte (Geheimnisse).

1. Haus
DAS SELBST

BEHERRSCHT VON WIDDER

Haus deiner Persönlichkeit: dein Selbst, wer du bist und wie du dich darstellst, deine Vorlieben, Abneigungen und Lebenseinstellungen. Es beschreibt auch, wie du dich selbst siehst und was dein Ziel im Leben ist.

2. Haus
BESITZ

BEHERRSCHT VON STIER

Haus deiner Besitztümer. Es zeigt, was dir gehört, einschließlich Geld, wie du dein Einkommen verdienst; deine materielle Sicherheit und die reellen Dinge, die dich auf deinem Lebensweg begleiten.

3. Haus
KOMMUNIKATION

BEHERRSCHT VON ZWILLINGE

In diesem Haus geht es um Kommunikation und Geisteshaltung, vor allem darum, wie du dich ausdrückst. Es beschreibt auch deine Beziehung zu deiner Familie, deinen Weg in der Schule oder im Beruf und wie du denkst, sprichst, schreibst und lernst.

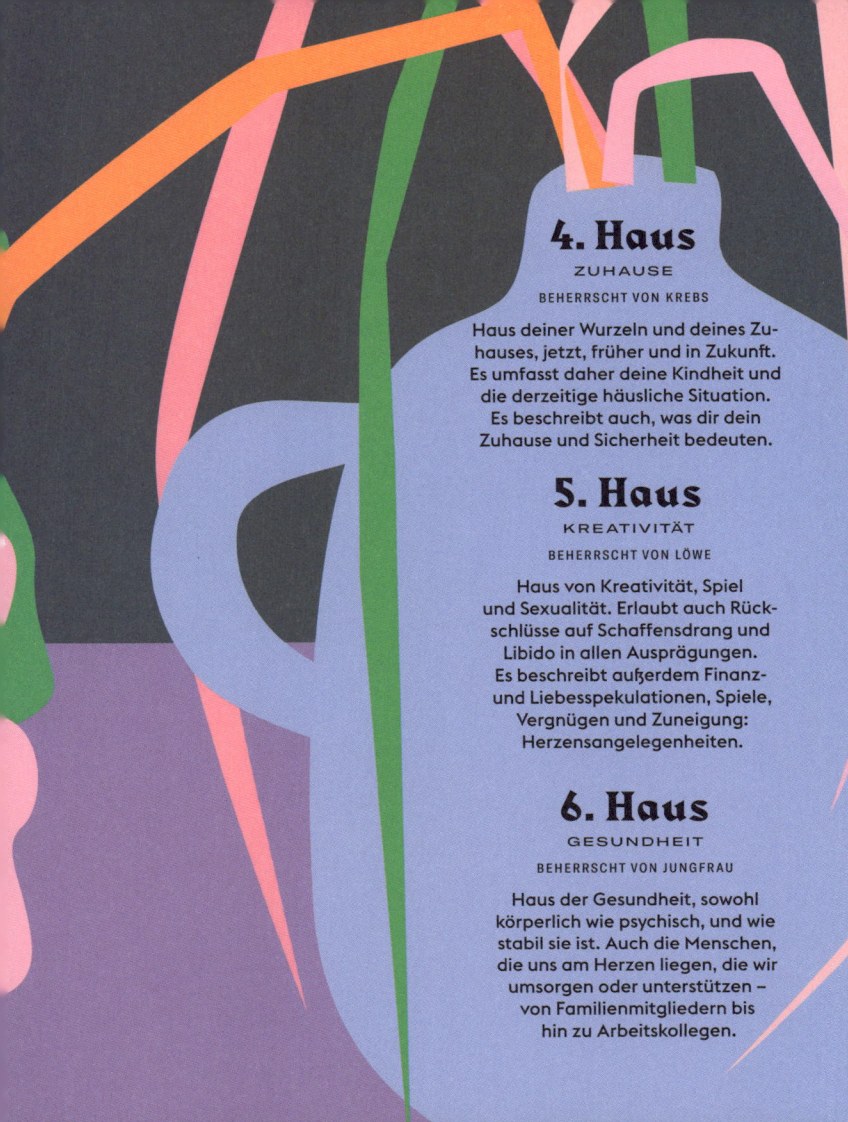

4. Haus

ZUHAUSE

BEHERRSCHT VON KREBS

Haus deiner Wurzeln und deines Zu-
hauses, jetzt, früher und in Zukunft.
Es umfasst daher deine Kindheit und
die derzeitige häusliche Situation.
Es beschreibt auch, was dir dein
Zuhause und Sicherheit bedeuten.

5. Haus

KREATIVITÄT

BEHERRSCHT VON LÖWE

Haus von Kreativität, Spiel
und Sexualität. Erlaubt auch Rück-
schlüsse auf Schaffensdrang und
Libido in allen Ausprägungen.
Es beschreibt außerdem Finanz-
und Liebesspekulationen, Spiele,
Vergnügen und Zuneigung:
Herzensangelegenheiten.

6. Haus

GESUNDHEIT

BEHERRSCHT VON JUNGFRAU

Haus der Gesundheit, sowohl
körperlich wie psychisch, und wie
stabil sie ist. Auch die Menschen,
die uns am Herzen liegen, die wir
umsorgen oder unterstützen –
von Familienmitgliedern bis
hin zu Arbeitskollegen.

7. Haus

PARTNERSCHAFT

BEHERRSCHT VON WAAGE

Der Gegenpol des ersten Hauses. Es spiegelt gemeinsame Ziele und enge Partnerschaften, unsere Wahl des*der Lebenspartner*in und wie erfolgreich unsere Beziehungen sein können. Es beschreibt auch Partnerschaften und Feindschaften im Berufsleben.

8. Haus

WIEDERGEBURT

BEHERRSCHT VON SKORPION

Das Haus steht für den Tod als Wiedergeburt oder spirituelle Transformation. Beschreibt auch Vermächtnisse und das, was du an Persönlichkeitsmerkmalen oder materiell erben wirst. Und da Wiedergeburt Sex braucht, geht es in diesem Haus auch um Sex und sexuelle Gefühle.

9. Haus

REISEN

BEHERRSCHT VON SCHÜTZE

Haus der Fernreisen und Entdeckungsfahrten; es geht auch um die Erweiterung des Horizonts, den das Reisen bringen kann, und wie sich dies ausdrückt. Beschreibt das Verbreiten von Ideen, zum Beispiel in literarischen Werken oder Veröffentlichungen.

11. Haus

FREUNDSCHAFTEN

BEHERRSCHT VON WASSERMANN

Haus der Freundesgruppen und
Bekannten, Visionen und Ideen.
Es geht weniger um unmittelbare
Befriedigung, sondern um lang-
fristige Träume und wie diese durch
unsere Fähigkeit, harmonisch mit
anderen zusammenzuarbeiten,
erreicht werden können.

12. Haus

GEHEIMNISSE

BEHERRSCHT VON FISCHE

Gilt als spirituellstes Haus. Das Haus
des Unbewussten, der Geheimnisse
und dessen, was verborgen ist;
die „Leiche im Keller". Spiegelt
auch die geheimen Wege, auf
denen wir uns selbst sabotieren oder
unsere Kräfte kleinhalten, indem
wir sie nicht ausschöpfen.

10. Haus

BERUFUNG

BEHERRSCHT VON STEINBOCK

Repräsentiert das, wonach wir
streben, und unseren Satus; wie wir
öffentlich angesehen sein wollen
(oder nicht), unsere Ambitionen,
unser Image und was wir im Leben
aus eigener Kraft erreichen wollen.

Der Aszendent

Der Aszendent, auch als aufsteigendes Zeichen bekannt, ist das Tierkreiszeichen, das am Tag deiner Geburt am östlichen Horizont erschien, je nachdem, an welchem Ort und zu welcher Zeit dies passierte. Er liefert Informationen über die Aspekte deines Charakters, die sich mehr nach außen hin offenbaren, wie du dich präsentierst und von anderen gesehen wirst.

Die Geburtszeit zu kennen, ist somit ein nützlicher Faktor in der Astrologie. Selbst wenn dein Sonnenzeichen Stier ist, kannst du also mit aufsteigendem Schützen freiheitsliebend wirken und dich auf die eine oder andere Weise spürbar für das Abenteuer begeistern.

Dein Aszendent – oder der anderer Personen – hilft oft auch zu erklären, warum die eigene Persönlichkeit so wenig mit dem Sonnenzeichen zusammenzupassen scheint.

Wenn du deine Geburtszeit und deinen Geburtsort weißt, kannst du deinen Aszendenten problemlos online oder in einer App ausrechnen lassen (siehe S. 108). Frage einfach deine Mutter oder andere Familienmitglieder danach. Manchmal steht die Geburtszeit auch in der Geburtsurkunde. Wenn du dir das Horoskop als Ziffernblatt vorstellst, ist der Aszendent auf der Neun-Uhr-Position zu sehen.

Der Deszendent

Der Deszendent weist auf einen möglichen Lebenspartner hin, basierend auf der Vorstellung, dass Gegensätze sich anziehen. Wenn du deinen Aszendenten kennst, ist der Deszendent leicht zu berechnen, da er genau sechs Zeichen entfernt ist: Bei einem Jungfrau-Aszendenten wäre der Deszendent also Fische. Wenn du dir das Horoskop als Ziffernblatt vorstellst, ist der Deszendent auf der Drei-Uhr-Position zu sehen.

Die Himmelsmitte (MC)

Auf deinem Geburtshoroskop ist auch die Himmelsmitte eingezeichnet (MC, von lat.: *Medium coeli*). Sie weist auf deine Einstellung zu Arbeit, Beruf und beruflichem Ansehen hin. Wenn du dir das Horoskop als Ziffernblatt vorstellst, ist das MC auf der Zwölf-Uhr-Position eingezeichnet.

Die Himmelstiefe (IC)

Dann gibt es noch das IC in deinem Horoskop (von lat.: *Imum coeli*, „Himmelstiefe"). Es weist auf deine Haltung gegenüber deinem Zuhause und deiner Familie hin und hat auch einen Bezug zum Ende deines Lebens. Das IC ist sechs Zeichen vom MC entfernt. Wenn dein MC Wassermann ist, ist dein IC Löwe. Wenn du dir das Horoskop als Ziffernblatt vorstellst, ist das IC auf der Sechs-Uhr-Position eingezeichnet.

Rückläufiger Saturn

Saturn ist einer der langsamsten Planeten: Er braucht 28 Jahre, um einmal um die Sonne zu kreisen und an den Punkt zurückzukehren, an dem er zum Zeitpunkt deiner Geburt stand. Diese Rückkehr kann sich über zwei bis drei Jahre erstrecken und macht sich oft in den Zeiten um deinen 30. und 60. Geburtstag stark bemerkbar, die oft als bedeutende „Meilensteine" gelten.

Da die Saturnenergie bisweilen als anstrengend empfunden wird, sind das nicht immer leichte Lebensabschnitte. Saturn gilt als weiser Lehrer oder harter Lehrmeister: Der Saturneffekt wird oft als „zum Glück zwingen" empfunden – so wie viele gute Lehrer argumentieren. Er hält uns wie ein strenger Personal Coach auf der Spur.

Die Saturnrückkehren erlebt jeder Mensch individuell. Sie sind immer eine gute Zeit, Bilanz zu ziehen, Dinge im Leben loszulassen, die einem nicht mehr nutzen, die Erwartungen zu revidieren und ohne Ausreden das im Leben aufzunehmen, von dem man gern mehr hätte. Wenn du also dieses Lebensereignis gerade erlebst oder erwartest, solltest du es begrüßen und damit arbeiten. Denn was du jetzt lernst – vor allem über dich selbst –, ist wissenswert, so turbulent es auch sein mag. Es kann sich für die nächsten 28 Jahre lohnen!

Rückläufiger Merkur

Selbst Menschen mit wenig Interesse an Astrologie bemerken es oft, wenn der Planet Merkur rückläufig ist. Als „Rückläufigkeit" bezeichnet man Zeiten, in denen Planeten wie der Merkur stationär sind, aber sich in die Gegenrichtung zu bewegen scheinen, weil die Erde sich weiterdreht. Vorher und nachher kommt es zu einer „Schattenperiode", die auch etwas turbulent sein kann. Der Planet scheint dabei erst langsamer und dann wieder schneller zu werden. Generell ist es ratsam, während der Rückläufigkeit keine wichtigen Schritte in Bezug auf Kommunikation zu unternehmen. Und wenn doch, sollte man im Kopf haben, dass sie sich später wieder ändern können.

Da Merkur der Planet der Kommunikation ist, zeigt sich schnell, warum seine Rückläufigkeit und ihre Verbindung mit Kommunikationsfehlern problematisch ist: zum Beispiel auf altmodische Weise, wenn ein Brief in der Post verloren geht, oder moderner, wenn der Computer abstürzt.

Ein rückläufiger Merkur kann auch das Reisen beeinträchtigen und es gibt Flug- oder Zugverspätungen, Staus oder Unfälle.

Dazu beeinflusst er die persönliche Kommunikation: Hören, Sprechen, (Nicht-)Gehört-Werden. Dies kann Durcheinander oder Streit verursachen. Er kann sich auch auf formellere Vereinbarungen wie Kaufverträge auswirken.

Merkur ist drei- bis viermal pro Jahr über etwa drei Wochen rückläufig, mit Schattenperioden vorher und nachher. Die Zeitrahmen seiner Rückläufigkeiten bedeuten auch, dass sie in einem bestimmen Sternzeichen passieren. Wenn er zum Beispiel zwischen 25. Oktober und 15. November rückläufig wäre, würde sein Effekt Skorpion-Eigenschaften haben. Auch Menschen mit Skorpion-Sonne oder einem starken Skorpion-Aspekt in ihrem Geburtshoroskop könnten stärker betroffen sein.

Die Termine, zu denen der Merkur rückläufig ist, findet man online, in astrologischen Tabellen oder Ephemeriden. Hier kann man sehen, ob man diese Zeiten für die Planung von Ereignissen meiden sollte, da sie potenziell betroffen sein könnten. Um festzustellen, wie der rückläufige Merkur dich persönlich angehen könnte, musst du dein Geburtshoroskop kennen und dessen spezifischere Kombinationen aus Zeichen- und Planeteneinflüssen.

Wenn du leichter durch einen rückläufigen Merkur kommen willst, sollte dir bewusst sein, dass Pannen passieren können. Rechne also mit Verzögerungen und überprüfe Details lieber doppelt. Bleibe angesichts von Verzögerungen positiv gestimmt und nimm solche Zeiten als Chance für Entschleunigung. Blicke zurück oder überdenke Ideen in Beruf oder Privatleben. Nutze die Zeit, um Fehler zu korrigieren oder Pläne umzugestalten, damit du vorbereitet bist, wenn sich die festgefahrene Energie erneut bewegt und du wieder fließender vorankommst.

Lesetipps

*Die zwölf Archetypen: Tier-
kreiszeichen und Persönlich-
keitsstruktur*
(2011) von Brigitte
Hamann; erschienen
bei KnaurMensSana

Astrologie für Dummies
(2020) von Rae Orion;
erschienen bei Wiley-VCH
Verlag GmbH & Co. KGaA

Astrologie für den Alltag
(2021) von Carole Taylor;
erschienen bei DK Verlag
Dorling Kindersley

Das Astrologiebuch (2004)
von Michael Roscher;
erschienen im bei Chiron

Webseiten

astro.com

astrologyzone.com

jessicaadams.com

shelleyvonstrunkel.com

Apps

Astrostyle

Co-Star

Susan Miller's Astrology Zone

The Daily Horoscope

The Pattern

Time Passages

Danksagung

Mein besonderer Dank geht an mein treues
Stier-Team. Zuerst an Kate Pollard, Publishing
Director bei Hardie Grant: für ihre Leidenschaft für
schöne Bücher und für die Beauftragung dieser
Reihe. An Bex Fitzsimons für ihr gutlauniges,
gründliches Redigieren. Und schließlich an
Evi O. Studio, deren Illustrationen und Design
kleine Kunstwerke entstehen ließen. Mit einer solchen „Sternenbesetzung" können diese Bücher
nur glänzen – dafür sage ich Danke!

Über die Autorin

Stella Andromeda arbeitet seit über
30 Jahren als Astrologin. Sie ist davon
überzeugt, dass die Kenntnis der Himmelskonstellationen und deren Potenzials
psychologischen Interpretationen ein
wertvolles Instrument bieten kann. Die Ver-
mittlung ihres Wissens in dieser Buchform
macht moderne Erkenntnisse über uralte
astrologische Weisheiten leicht zugänglich
und begeistert für Stella Andromedas
Haltung, dass Reflexion und Selbsterkenntnis uns im Leben nur stärker machen. Mit
ihrem Sonnenzeichen Stier, dem Aszendenten im Wassermann und einem Mond im
Krebs lässt sie sich auf ihrer astrologischen
Reise von Erde, Luft und Wasser inspirieren.

Text © Stella Andromeda
Illustrationen © Evi O. Studio

Für die deutsche Ausgabe:
Satz und Redaktion: bookwise GmbH
Übersetzung: Martina Walter und Wolfgang Bick
Gesamtherstellung: Leo Paper Products Ltd.

Stier
ISBN 978-3-8485-0093-2
Ursprünglich veröffentlicht unter dem Titel: Taurus
© Hardie Grant Books, an imprint of Hardie Grant Publishing, 2019
© für die deutsche Ausgabe: GROH Verlag GmbH, 2021
www.groh.de

MIX
Paper from
responsible sources
FSC™ C020056